When I Am Gloomy
Когато съм тъжна

Sam Sagolski
Illustrated by Daria Smyslova

www.kidkiddos.com
Copyright ©2025 by KidKiddos Books Ltd.
support@kidkiddos.com

All rights reserved. No part of this book may be reproduced in any form or by any electronic or mechanical means, including information storage and retrieval systems, without written permission from the publisher, except in the case of a reviewer, who may quote brief passages embodied in critical articles or in a review.
First edition, 2025

Translated from English by Milena Bekyarova
Преведено от английски език от Милена Бекярова

Library and Archives Canada Cataloguing in Publication
When I Am Gloomy (English Bulgarian Bilingual edition)/Shelley Admont
ISBN: 978-1-0497-0710-5 paperback
ISBN: 978-1-0497-0711-2 hardcover
ISBN: 978-1-0497-0712-9 eBook

Please note that the English and Bulgarian versions of the story have been written to be as close as possible. However, in some cases they differ in order to accommodate nuances and fluidity of each language.

One cloudy morning, I woke up feeling gloomy.

Едно облачно утро се събудих и ми беше тъжно.

I got out of bed, wrapped myself in my favorite blanket, and walked into the living room.

Станах от леглото, завих се с любимото си одеяло и влязох в хола.

"Mommy!" I called. "I'm in a bad mood."
„Мамо!", извиках. „В лошо настроение съм."

Mom looked up from her book. "Bad? Why do you say that, darling?" she asked.
Мама вдигна поглед от книгата си. „Лошо? Защо говориш така, миличка?", попита тя.

"Look at my face!" I said, pointing to my furrowed brows. Mom smiled gently.
„Виж ми лицето!", казах, сочейки към свъсените си вежди. Мама се усмихна нежно.

"I don't have a happy face today," I mumbled. "Do you still love me when I'm gloomy?"
„Нямам щастливо изражение на лицето днес", измърморих. „Обичаш ли ме, когато съм тъжна?"

"Of course I do," Mom said. "When you're gloomy, I want to be close to you, give you a big hug, and cheer you up."

„Разбира се, че те обичам", каза мама. „Когато си тъжна, искам да съм близо до теб, да ти дам една голяма прегръдка и да те развеселя."

That made me feel a little better, but only for a second, because then I started thinking about all my other moods.

Това ме накара да се почувствам малко по-добре, но само за секунда, защото след това започнах да мисля за всичките ми други настроения.

"So... do you still love me when I'm angry?"
„И така... обичаш ли ме, когато съм ядосана?"

Mom smiled again. "Of course I do!"
Мама се усмихна отново. „Разбира се, че те обичам!"

"Are you sure?" I asked, crossing my arms.
„Сигурна ли си?", попитах със скръстени ръце.

"Even when you're mad, I'm still your mom.
And I love you just the same."

„Дори когато си ядосана, аз съм твоя майка.
И те обичам винаги еднакво."

I took a big breath. "What about when I'm shy?" I whispered.

Поех си дълбоко дъх. „А когато съм срамежлива?", прошепнах.

"I love you when you're shy too," she said. "Remember when you hid behind me and didn't want to talk to the new neighbor?"

„Обичам те и когато си срамежлива", каза тя. „Помниш ли, когато се скри зад мен и не искаше да говориш с новия съсед?"

I nodded. I remembered it well.

Кимнах. Помнех го добре.

"And then you said hello and made a new friend.
I was so proud of you."

„И след това ти му каза "Здравей!' и се
сприятелихте. Бях много горда с теб."

"Do you still love me when I ask too many questions?" I continued.

„А обичаш ли ме, когато задавам твърде много въпроси?", продължих аз.

"When you ask a lot of questions, like now, I get to watch you learn new things that make you smarter and stronger every day," Mom answered. "And yes, I still love you."

„Когато задаваш много въпроси, както в момента, имам възможността да те наблюдавам как научаваш нови неща, които те правят по-умна и по-силна всеки ден.", отговори мама. „И да, обичам те."

"What if I don't feel like talking at all?" I continued asking.
„А ако изобщо не ми се говори?", продължих да питам.

"Come here," she said. I climbed into her lap and rested my head on her shoulder.
„Ела тук", каза тя. Качих се в скута ѝ и сложих глава на рамото ѝ.

"When you don't feel like talking and just want to be quiet, you start using your imagination. I love seeing what you create," Mom answered.

„Когато не ти се говори и просто искаш да бъдеш тиха, започни да използваш въображението си. Обичам да гледам как твориш", отговори мама.

Then she whispered in my ear, "I love you when you're quiet too."

След това прошепна в ухото ми, „Обичам те и когато си тиха."

"But do you still love me when I'm afraid?" I asked.

„А обичаш ли ме, когато се страхувам?", попитах аз.

"Always," said Mom. "When you're scared, I help you check that there are no monsters under the bed or in the closet."

„Винаги," каза мама. „Когато се страхуваш, аз ти помагам да се увериш, че няма чудовища под леглото или в гардероба."

She kissed me on the forehead. "You are so brave, my sweetheart."

Тя ме целуна по челото. „Ти си толкова смела, мила моя."

"And when you're tired," she added softly, "I cover you with your blanket, bring you your teddy bear, and sing you our special song."

„А когато си уморена", добави тя нежно, „Тогава те завивам с одеялото, донасям ти мечето, и ти пея нашата специална песен."

"What if I have too much energy?" I asked, jumping to my feet.

„А ако имам твърде много енергия?", попитах и скочих на крака.

She laughed. "When you're full of energy, we go biking, skip rope, or run around outside together. I love doing all those things with you!"

Тя се засмя. „Когато си пълна с енергия, караме колело, скачаме на въже или тичаме навън заедно. Обичам да правя всички тези неща с теб!"

"But do you love me when I don't want to eat broccoli?" I stuck out my tongue.

„А обичаш ли ме, когато не искам да ям броколи?", изплезих се аз.

Mom chuckled. "Like that time you slipped your broccoli to Max? He liked it a lot."

Мама се засмя. „Като онзи път, когато даде част от броколите на Макс? Той много ги хареса."

"You saw that?" I asked.
„Видяла си това?", попитах аз.

"Of course I did. And I still love you, even then."
„Разбира се, че да. И все още те обичам, дори и в такива моменти."

I thought for a moment, then asked one last question:
Помислих си за момент, след това зададох един последен въпрос:

"Mommy, if you love me when I'm gloomy or mad... do you still love me when I'm happy?"
„Мамо, ако ме обичаш, когато съм тъжна или ядосана, ... дали ме обичаш, когато съм щастлива?"

"Oh, sweetheart," she said, hugging me again, "when you're happy, I'm happy too."
„О, скъпа", каза тя, прегръщайки ме отново, „когато си щастлива, и аз съм щастлива."

She kissed me on the forehead and added, "I love you when you're happy just as much as I love you when you're sad, or mad, or shy, or tired."
Тя ме целуна по челото и допълни, „Обичам те, когато си щастлива, както и когато си тъжна, ядосана, срамежлива или уморена."

I snuggled close and smiled. "So… you love me all the time?" I asked.

Сгуших се близо до нея и се усмихнах. „Значи... ти ме обичаш винаги?", попитах аз.

"All the time," she said. "Every mood, every day, I love you always."

„Винаги," каза тя. „Обичам те винаги и във всяко настроение, всеки ден."

As she spoke, I started feeling something warm in my heart.
Докато тя говореше, започнах да усещам нещо топло в сърцето си.

I looked outside and saw the clouds floating away. The sky was turning blue, and the sun came out.
Погледнах навън и видях как облаците се разсейват. Небето стана синьо и слънцето се появи.

It looked like it was going to be a beautiful day after all.
По всичко личеше, че денят все пак щеше да се окаже наистина прекрасен.

www.ingramcontent.com/pod-product-compliance
Lightning Source LLC
LaVergne TN
LVHW072106060526
838200LV00061B/4820